Dorothea Flechsig

Wo ist die Eichhörnchen-Mama?

Mit Hufeisen-Quiz

Bibi & Tina

Lesen lernen

1. Klasse

ab 6 Jahren

Klett Lerntraining

Bibliografische Information der Deutschen Nationalbibliothek
Die Deutsche Nationalbibliothek verzeichnet diese Publikation in der Deutschen Nationalbibliografie; detaillierte bibliografische Daten sind im Internet über http://dnb.dnb.de abrufbar.

Dieses Werk folgt der neuen Rechtschreibung und Zeichensetzung.
„Hexspruch" ist ein Begriff aus der Welt von Bibi Blocksberg.

2. Auflage 2022

Redaktion: Susanne Stephan
Lizenz durch KIDDINX Media GmbH
Lahnstraße 21, 12055 Berlin

bibiundtina.de

www.klett-lerntraining.de; kundenservice@klett-lerntraining.de

Autorin: Dorothea Flechsig, Falkensee
Illustrationen: Madlen Frey und Till Bayreuther, Münster
Satz: tebitron gmbh, Gerlingen
Druck: Aumüller Druck GmbH & Co. KG, Regensburg
Bindung: Conzella Verlagsbuchbinderei Urban Meister GmbH & Co KG, Pfarrkirchen
Printed in Germany
ISBN 978-3-12-949675-6

Inhalt

Das Sommergewitter

Ein heftiges Gewitter
zieht über den Martinshof.
Die Pferde sind ganz aufgeregt.
„Ruhig! Ruhig!“, sagt Tina sanft.
„Wir bringen euch in den Stall!“

Ein lauter Donner folgt einem Blitz.
Fohlen Felix zuckt zusammen.
Er galoppiert vor Schreck davon.
„Bleib hier!“, ruft Bibi ihm nach.
Noch ehe sie etwas tun kann,
verschwindet das Fohlen im Regen.

„Wir dürfen keine Zeit verlieren und müssen Felix hinterher!“, fordert Bibi Tina schnell auf. „Weit kann er noch nicht sein.“ Zum Glück sind die anderen Tiere inzwischen im Stall in Sicherheit.

Bibi und Tina entdecken Felix bald.
Er steht unter einem großen Baum.
Bibi geht langsam auf ihn zu.
„Das Gewitter ist vorbei“,
beruhigt Bibi das Fohlen.
„Hab keine Angst. Alles ist gut!“

„Schau mal Bibi!“, lacht Tina.
Sie zeigt nach oben.
Frau Martins gelber Regenschirm
hängt über ihnen im Baum.
„Der Wind hat ihn hierher geweht!“,
vermutet Bibi kichernd.
„Komisch, aus Muttis Schirm
baumeln drei buschige Schwänzchen“,
wundert sich Tina.
„Ich ahne wem die gehören“,
antwortet Bibi und lächelt.

Eichhörnchen in Not!

„Drei Eichhörnchen!“, ruft Tina.
„Die sind ja noch ganz klein
und verspielt“, wirft Bibi ein.
„Aber warum sitzen sie im Schirm?“
„Ich denke, ich weiß warum!“,
erklärt Tina.

Tina zeigt auf einen großen Kobel.
Das kugelförmige Nest
der Eichhörnchen liegt im Dreck.
„Der Wind hat den Kobel
vom Baum geweht!", bedauert Bibi.
„Jetzt haben sie kein Zuhause!"

„Hoffentlich kommt bald ihre Mama
und baut ihnen ein neues Nest“,
überlegt Bibi und sieht sich um.
Die Mädchen wollen warten
bis die Mutter zurückkommt.
Doch langsam dämmert es.

„Wir können die Eichhörnchen nicht allein lassen“, beschließt Tina. „Wir bringen sie zum Martinshof und passen auf sie auf“, sagt Bibi. Mit den Eichhörnchen im Gepäck reiten die Freundinnen zurück.

Bibi und Tina versorgen Sabrina,
Amadeus und Felix im Stall.
Jedes Pferd bekommt
eine große Karotte.
Bibi und Tina zeigen Tinas Bruder
die Eichhörnchen-Kinder.

„Es war richtig, sie mitzunehmen“, lobt Holger die beiden Mädchen. „Junge Eichhörnchen sind zutraulich, wenn sie allein sind.“
„Wir kümmern uns gern um sie!“, erklären Bibi und Tina im Chor.

Der neue Kobel

Bibi und Tina füttern
die Eichhörnchen-Kinder.
Sie sind hungrig und trinken eifrig.
Die jungen Eichhörnchen gähnen.
Bibi und Tina legen sie vorsichtig
in einen Korb mit Heu.

„Kannst du auf sie aufpassen?“,
fragt Bibi Fohlen Felix scherzend.
Felix schnaubt zustimmend.
„Du siehst aber auch müde aus.“
Tatsächlich schläft Felix
noch vor den Eichhörnchen ein.

Am nächsten Morgen treffen sich
Bibi und Tina in der Werkstatt.
Sie sind dort mit Holger verabredet.
Er hilft, einen neuen Kobel zu bauen
Der Kobel sieht fast aus
wie ein Vogelhaus.
Es gibt aber zwei Schlupflöcher.

Innen ist der Kobel kuschelig, weich und warm mit Moos ausgepolstert. „Das gefällt euren kleinen Freunden!“, ist sich Holger sicher.

Bibi freut sich und meint:
„Der beste Platz für den Kobel
ist am Baum vor der Küche."
„Ja, da können wir die Eichhörnchen
immer gut beobachten",
stellt Tina begeistert fest.

Den Eichhörnchen-Kindern
gefällt ihr neues Zuhause.
Bibi überlegt: „Jetzt fehlt nur noch
unsere Eichhörnchen-Mama.“
„Komm, wir gehen sie suchen“,
schlägt Tina ihrer Freundin vor.

Gute Aussichten

Die Mädchen suchen bei dem Baum, auf dem die Eichhörnchen waren. Doch keine Mama ist zu sehen. „Wir können doch nicht nur warten“, klagt Tina schon etwas verzweifelt.

„Ich habe eine bessere Idee“,
sagt Bibi, hebt ihre Arme und hext.
„Eene meene Käsehobel,
zeig den Weg zum neuen Kobel!
Hex-hex!“
Mit Plingpling legen viele Walnüsse
eine Spur zum Martinshof.

Die Eichhörnchen-Kinder
entdecken zuerst, wer da kommt.
Ein großes Eichhörnchen
plustert den Schwanz auf.
Es zuckt damit ganz aufgeregt.

Tina ruft: „Bibi, Schau mal!
Die Eichhörnchen-Mama ist da!“
Die drei jungen Eichhörnchen
springen sofort auf sie zu
und tollen mit ihr herum.
„Das ist so niedlich!“, freut sich Bibi.

Auch der Eichhörnchen-Mama
gefällt ihr neues Haus richtig gut.
Mit ihren Kleinen flitzt sie fröhlich
durch die Löcher des Kobels.
Sie setzt sich aufs Dach und zeigt,
wie man mit Zähnen Nüsse knackt.

Tina verkündet begeistert:
„Jetzt können wir jeden Tag
die Eichhörnchen beobachten."
Frau Martin lobt die Freundinnen:
„Das habt ihr zwei toll gemacht!"

Hufeisen-Quiz

1 Wie heißt das Fohlen?

R ◯ Fritz
T ◯ Felix
B ◯ Ferdinand

2 Wovor erschrickt sich Felix?

M ◯ Gebell und Geschrei
L ◯ Bremsen und Hupen
I ◯ Blitz und Donner

3 **Wo ist der Regenschirm von Frau Martin?**

- **E** ◯ im Baum
- **N** ◯ im Kofferraum
- **Q** ◯ in der Badewanne

4 **Was ist ein Kobel?**

- **D** ◯ ein Tischlerwerkzeug.
- **J** ◯ ein frecher Geist
- **R** ◯ ein Eichhörnchen-Nest

5 **Wer will sich um die jungen Eichhörnchen kümmern?**

- **K** ◯ Frau Martin
- **R** ◯ Bibi und Tina
- **I** ◯ Tierarzt Doktor Eichhorn

6 **Was hext Bibi?**

A ◯ einen Obstteller

E ◯ eine Nussspur

U ◯ einen Gemüseeintopf

7 **Was plustert die Eichhörnchen-Mama auf?**

P ◯ die Backen

S ◯ den Bauch

T ◯ den Schwanz

8 **Woran erkennen Bibi und Tina die Eichhörnchen-Mama?**

T ◯ Die Jungen springen auf sie zu.

O ◯ Die Mama knackt Nüsse.

R ◯ Die Jungen schlüpfen durchs Loch.

9 **Wie knacken Eichhörnchen Nüsse?**

- C ◯ mit den Hinterpfoten
- E ◯ mit den Zähnen
- X ◯ mit dem Schwanz

10 **Von wo aus beobachten Bibi und Tina am Ende die Eichhörnchen?**

- V ◯ vom Stall aus
- B ◯ vom Schloss aus
- R ◯ von der Küche aus

Lösungswort

Hast du alle Quiz-Fragen beantwortet? Dann trage hier die Buchstaben der richtigen Antworten ein.

1	2	3	4	5	6	7	8	9	10

Tipp: Das Lösungswort hat etwas mit der Geschichte zu tun!

Bibi&Tina®

Mein Wunschzettel

Noch mehr Lesestoff mit den beiden Freundinnen!

ISBN 978-3-12-949409-7
Habe ich schon.
Wünsche ich mir.

ISBN 978-3-12-949640-4
Habe ich schon.
Wünsche ich mir.

ISBN 978-3-12-949662-6
Habe ich schon.
Wünsche ich mir.

ISBN 978-3-12-949529-2
Habe ich schon.
Wünsche ich mir.

ISBN 978-3-12-949614-5
Habe ich schon.
Wünsche ich mir.

ISBN 978-3-12-949630-5
Habe ich schon.
Wünsche ich mir.

ISBN 978-3-12-949641-1
Habe ich schon.
Wünsche ich mir.

ISBN 978-3-12-949663-3
Habe ich schon.
Wünsche ich mir.

ISBN 978-3-12-949531-5
Habe ich schon.
Wünsche ich mir.

ISBN 978-3-12-949334-2
Habe ich schon.
Wünsche ich mir.

ISBN 978-3-12-949616-9
Habe ich schon.
Wünsche ich mir.

ISBN 978-3-12-949631-2
Habe ich schon.
Wünsche ich mir.

Erhältlich im Buchhandel.
Weitere Infos: www.klett-lerntraining.de

bibiundtina.de

Mein Lese-Pass

Hier kannst du dir deinen eigenen Lese-Pass basteln.

- Schneide die gegenüberliegende Seite an der gestrichelten Linie heraus.
- Falte die Seite in der Mitte.
- Schreibe deinen Namen in das Feld.

Hier kannst du eintragen, wann du 10 Minuten gelesen hast. Bibi und Tina freuen sich, wenn du regelmäßig liest, denn: Übung macht den Meister!

Viel Spaß beim Lesen wünschen dir Bibi und Tina.

Bibi&Tina®

Mein Lese-Pass

Name:

Klett

Ich habe 10 Minuten gelesen am ...	Unterschrift eines Erwachsenen	Ich habe 10 Minuten gelesen am ...	Unterschrift eines Erwachsenen